Inhaltsverzeichnis

Vorwort

In der Schule gibt es einen Taschendieb! Das ist eindeutig ein Fall für Till und seine Freundin Sara. Till liebt Krimis, genau wie Sara. Zusammen mit Nuri aus der 4b wollen sie den Taschendieb fassen. Natürlich ist auch Papino dabei, Tills vorlauter Papagei. Mit allerlei Tricks versuchen die jungen Detektive, den Täter auf frischer Tat zu ertappen. Aber leider läuft nicht alles nach Plan ...

Kinderkrimis sind besonders gut geeignet, um Kinder zum Lesen zu motivieren. So ist es nicht verwunderlich, dass „TKKG" oder „Die drei ???" seit Jahren in den Bücherregalen unserer Kinder stehen. Die Spannung, ob die Detektive den Fall lösen, begleitet den Leser bis zum Schluss – so auch bei „Papino und der Taschendieb". Das Besondere hierbei ist, dass ein Papagei im Ermittlerteam ist und für urkomische Momente sorgt.

Das Buch eignet sich als Lektüre ab der 2. Klasse. In dem vorliegenden Literaturprojekt werden die Inhalte des spannenden Kinderkrimis aufgegriffen. Es ist unterteilt in einen lesebegleitenden Teil, der Kapitel für Kapitel die Inhalte des Buches sinnerfassend behandelt, sowie in einen fächerübergreifenden Teil, der die Kinder Themen wie „Krimi", „Hobbys", „Trösten", „Altersheim", „Papagei" u. v. m. erschließen lässt. Eine Buchbesprechung sowie diverse Bastelangebote runden das Projekt ab.

Zum Thema „Altersheim" ab Seite 20 empfiehlt es sich, ein Altersheim in der Nähe der Schule zu besuchen. Die Menschen dort freuen sich insbesondere über den Besuch von Kindern und den Kindern wird auf diese Weise die Wichtigkeit des sozialen Miteinanders nähergebracht.
Für die Menschen im Altersheim können zusätzliche Aktivitäten geplant werden, wie zum Beispiel:

- Singen und Gedichte vortragen zur Oster- oder Weihnachtszeit.
- Bastelaktionen (z. B. für Fensterdekoration, Windlichter, Girlanden, Tischschmuck ...) anbieten und die gebastelten Dinge den Menschen im Altersheim schenken.
- Eine Ausstellung von Urlaubs- / Sommer- / Herbstfundsachen (Sand, Muscheln, Ähren, Kastanien, bunte Blätter, Tannenzweige ...) planen.

Anschließend sollten die Kinder ihre Erfahrungen, die sie im Altersheim gemacht haben, sammeln und sich in der Schule gemeinsam darüber austauschen.

Nun wünsche ich Ihnen viele spannende Momente bei der Arbeit mit dem Literaturprojekt „Papino und der Taschendieb".

Silke Höffmann

Mein Lese-Begleit-Heft zu:

Papino und der Taschendieb

von Judith Le Huray

Name: ________________________________

Klasse: ________________________________

Hände hoch!

1. Im ersten Kapitel lernst du die Hauptperson, ihren Papagei und eine Freundin kennen.
   Hast du gut aufgepasst? Kreuze an.
   - Die Hauptperson heißt ◯ Bill. ◯ Till. ◯ Tom.
   - Tills Papagei hört auf den Namen ◯ Palino. ◯ Pipolo. ◯ Papino.
   - Eigentlich gehört der Papagei ◯ Onkel Franz. ◯ Onkel Theo. ◯ Tante Gerda.
   - Tills Freundin heißt ◯ Sara. ◯ Lara. ◯ Dana.
   - Sie liest am liebsten ◯ Comics. ◯ Pferdebücher. ◯ Krimis.

2. Wieso lebt Papino bei Till? Schreibe auf.

   ____

   ____

   ____

   ____

3. Till bekommt Besuch von seiner Freundin. Sie hat eine große Neuigkeit.
   Fülle den Lückentext aus. Wenn du dir nicht sicher bist, lies noch einmal das erste Kapitel des Buches. **Tipp:** Diese Wörter helfen dir:

> Polizeisirene – Haltet – Geldbeutel – suchen – Kriminalfall – verloren – Dieb – Handy – Schüsse

Es gibt einen echten ____________________ ! Jemand hat Saras ____________________ gestohlen. Till glaubt, sie hat ihn ________________ . Aber Nuri aus der 4b wurde das ________________ gestohlen. Till glaubt Sara nicht. Sie wollen den Geldbeutel erst einmal ________________ . Papino schreit: „ ________________ den ____________ !“ Er kann aber auch ________________ oder eine ____________________ nachmachen.

BVK LP124 • Silke Höffmann: Literaturprojekt zu „Papino und der Taschendieb“

Lies Kapitel 2

Ein echter Kriminalfall

1. Till und Sara suchen Saras Geldbeutel. Hilf ihnen dabei und finde 10 Begriffe aus diesem Kapitel im Suchsel (→ waagerecht und ↓ senkrecht).

Z	I	G	A	R	E	T	T	E	N	S	C	H	A	C	H	T	E	L
X	Z	I	S	B	W	A	P	X	J	D	M	Ä	K	U	W	S	M	Y
K	B	X	Ü	N	X	P	A	U	S	E	N	B	R	O	T	Ü	X	K
L	Ä	Ä	Y	U	U	B	C	B	Ä	U	G	Ü	X	S	V	H	Ü	N
K	L	X	O	R	S	T	P	F	E	R	D	Ä	A	P	W	H	J	A
W	L	X	Z	I	N	M	S	K	R	I	V	N	T	U	V	A	W	L
B	E	K	L	Ö	Z	P	N	O	B	Ä	U	G	M	R	J	N	J	L
B	A	N	A	N	E	N	S	C	H	A	L	E	L	X	M	D	X	R
I	L	K	E	Ä	B	U	F	G	I	D	S	B	L	K	L	Y	M	O
K	S	P	I	E	L	P	L	A	T	Z	Ü	O	Ä	E	K	I	X	T

2. Sara und Till treffen Nuri. Mit ihm sprechen sie über die Diebstähle in der Schule. Findest du Gemeinsamkeiten? Besprich deine Ideen mit einem Partner und notiert eure Überlegungen.

3. Till, Sara und Nuri haben bereits eine Idee, was sie einmal werden möchten.

Nuri möchte ______________________________ .

Till verrät: „Ich ______________________________ .“

„Und ich ______________________________ “,

verkündet Sara.

4. Weißt du auch schon, was du werden möchtest? Denke über deine Talente und Interessen nach. Male dann ein Bild von dir in deinem gewünschten Beruf auf ein Blatt.

BVK LP124 • Silke Höffmann: Literaturprojekt zu „Papino und der Taschendieb“

Die Detektiv-Zentrale

1. Im folgenden Text ist einiges durcheinandergeraten, als Papino daran vorbeifliegt. Bringe die Sätze in die richtige Reihenfolge.

	Sara hat einen Schlüssel mitgebracht.
	Bei seiner Flucht wirft Papino mit einem Flügel eine rote Schachtel auf den Boden.
	Sie steigen auf den Dachboden und fühlen sich gleich wohl.
	Der Schlüssel ist für den Dachboden.
	Nuri beginnt zu jonglieren, aber Papino klaut ihm einen Ball.
	Zusammen gehen Till, Nuri und Sara zu Sara nach Hause.
	Das wäre ein toller Treffpunkt.
	Sara öffnet die Schachtel und findet darin ein Armband.

2. GDZ – Geheime Detektiv-Zentrale – ist der neue Name für den Treffpunkt auf dem Dachboden. Welchen Namen würdest du wählen, wenn du ein Detektivbüro hättest? Überlege dir auch, wo dein Versteck sein könnte und wie es aussehen würde. Male dazu ein Bild auf die Rückseite dieses Arbeitsblattes.

3. Till, Sara und Nuri planen, was sie machen wollen, um den Täter zu fangen. Worauf wollen sie am nächsten Tag achten? Schreibe mindestens zwei Dinge auf.

a) ______

b) ______

c) ______

BVK LP124 • Silke Höffmann: Literaturprojekt zu „Papino und der Taschendieb“

Verdächtige

1. Die drei Freunde treffen sich, um ihre Beobachtungen zu besprechen. Beim Aufschreiben haben sich aber ein paar Fehler eingeschlichen. ✏ Hilf den Detektiven und kreuze an, welcher Satz wahr und welcher falsch ist. Am Ende erhältst du ein Lösungswort.

	☺	☹
Die Detektive treffen sich um drei Uhr in ihrer Detektiv-Zentrale.	S	T
Nuri hat seine kleine Schwester Ayla mitgebracht.	A	U
Till freut sich nicht über den Windelpupser.	S	L
Till hat den Pausenhof bewacht.	K	C
Er hat einen Jungen beobachtet, der in einer Tasche gewühlt hat.	P	H
Der Junge hat ein Taschentuch gesucht.	E	I
Nuri hat Marc beobachtet, der vom Pausenhof ins Klassenzimmer gegangen ist.	N	M
Marc hat eine Banane aus einem Schulranzen geholt.	R	D
Sara ist aufgefallen, dass Leni neue Klamotten trägt.	I	A
Sie hat sie lieber nicht bis nach Hause verfolgt.	S	E
Sie hört, dass Leni von ihrem Vater kein Geld bekommen hat.	T	B

Lösungswort: ___ ___ ___ ___ ___ ___ ___ ___ ___ ___ ___

2. Leider haben die Beobachtungen nichts ergeben. Was glaubst du, wie es nun weitergeht? ✏ Überlege genau und mache dir dazu Notizen.

____

____

____

3. Ist bei dir auch schon einmal etwas so schiefgegangen, wie die Beobachtungen der Detektive? Suche dir einen Partner und erzählt euch von eurem Misserfolg. Was habt ihr danach gemacht? Wie habt ihr es geschafft weiterzumachen? ✏ Schreibt eine Liste mit Dingen, die euch zum Durchhalten motivieren.

Schweinekacke

1. Die Detektive wissen nicht so richtig weiter. Wen wollen sie um Rat fragen? ______________________________

2. Till und seine Freunde machen sich mit ihren Fahrrädern auf den Weg. Till steckt seinen Papagei in einen Fahrradanhänger. Plötzlich ist Papino verschwunden. Wie ist das passiert? Erkläre mit eigenen Worten.

____

____

____

3. Wo finden die Kinder Papino wieder? Kreuze den richtigen Ort an.

4. Till will Ayla am kommenden Tag eine große Tüte Gummibärchen schenken. Wie hat sie sich die verdient? Schreibe auf.

____

____

5. Welches zutreffende Wort sagt Papino am Ende des Kapitels?

____

BVK LP124 • Silke Höffmann: Literaturprojekt zu „Papino und der Taschendieb“

Alter Knacker

1. Endlich sind die Kinder am Altersheim angekommen.
   Verbinde die richtigen Satzteile miteinander.

Onkel Theo sitzt vor dem Altersheim	um sie im Kreis zu wirbeln.
Papino grölt laut:	wie sie ihren Kriminalfall lösen können.
Er hockt zufrieden auf Onkel Theos Schulter	auf einer Bank und liest.
Onkel Theo begrüßt Sara	und knabbert an seinem Ohr.
Ayla hebt er hoch,	„Theoooo, wir fahr'n nach Lodsch!"
Schließlich gibt er den Kindern einen Tipp,	und lobt Nuris Jonglieren.

2. Welchen Tipp gibt Onkel Theo den Kindern?

____

____

3. Welche Idee hättest du, um den Dieb zu überführen?
   Schreibe sie auf die Rückseite des Blattes.

4. Vergleicht eure Geschichten in der Klasse. Stimmt ab, welche drei Geschichten die besten sind.

BVK LP124 • Silke Höffmann: Literaturprojekt zu „Papino und der Taschendieb"

Haltet den Dieb!

1. Till, Sara und Nuri machen sich viele Gedanken, mit welchem Köder sie den Täter überführen könnten.
   Lies den folgenden Text und finde heraus, was in der Geheimschrift steht. Lies dazu noch einmal im Buch Seite 50 – 55. Schreibe den Text dann richtig in dein Heft ab. **Tipp:** Diese Wörter helfen dir:

Schrank – Jonas – Kinder – Gang – Tisch – Armband – Dieb – unter – Armband – Amsel – den – nicht – Haltet – Dieb – Lehrerin

Die Kinder legen das Armband gut sichtbar auf einen Tisch . Nuri versteckt sich im Schrank . Sara versteckt sich unter einem Tisch. Till verbirgt sich auf dem Gang . Zunächst kommt Frau Amsel , die Lehrerin .
Danach geht Jonas in die Klasse. „ Haltet den Dieb “, ruft Till. Aber Jonas hat das Armband nicht . Er ist nicht der Dieb .

2. Wie hat sich Jonas gefühlt, als ihn Till, Sara und Nuri so plötzlich überfallen? Versetze dich in seine Lage. Wie ist es, zu Unrecht verdächtigt zu werden? Diskutiert in einer kleinen Gruppe darüber.

3. Was ist passiert, während Till, Sara und Nuri versucht haben, Jonas als Dieb zu entlarven?

____

____

Sie sind verhaftet!

Lies Kapitel 8

Hast du das Kapitel gut gelesen? Kreuze den richtigen Satz an.

1. Till wartet nach dem Unterricht noch auf Sara.
   - ◯ Er setzt sich auf einen Stuhl und sieht ihr beim Tafeldienst zu.
   - ◯ Er geht noch schnell aufs Klo. ◯ Er wartet auf dem Pausenhof.

2. Wo lässt Till seinen Ranzen stehen?
   - ◯ Till lässt ihn in der Klasse bei Sara.
   - ◯ Till stellt den Ranzen auf dem Gang bei den Jacken ab.
   - ◯ Till stellt ihn unter einem Waschbecken vor den Toilettenkabinen ab.

3. Als Till auf der Toilette sitzt, hört er ein Geräusch.
   - ◯ Jemand macht sich an seinem Ranzen zu schaffen.
   - ◯ Jemand wäscht sich die Hände. ◯ Jemand betritt die Kabine neben ihm.

4. Till kann den Täter nicht sofort überführen. Papino kann es aber doch.
   - ◯ Papino fliegt auf den Kopf des Diebes und zwickt ihn immer wieder kräftig in die Ohren.
   - ◯ Papino schreit: „Finger weg! Hände hoch oder ich schieße!“
   - ◯ Papino kreischt wie eine Sirene.

5. Wer ist der Dieb?
   - ◯ Der Dieb ist Marc aus Nuris Klasse. ◯ Der Dieb ist Mika aus der 4b.
   - ◯ Der Dieb ist Frau Amsel, die Lehrerin von Till und Sara.

6. Mika rennt weg. Till verfolgt ihn und bekommt dabei Hilfe.
   - ◯ Nuri trifft den Dieb mit seinen Jonglierbällen und Sara wirft ihn mit einem Judogriff zu Boden.
   - ◯ Leni stellt dem Dieb ein Bein und Jonas ruft mit seinem Handy die Polizei an.
   - ◯ Marc wirft dem Dieb einen Apfel an den Kopf und Frau Amsel hält ihn am Kragen seiner Jacke fest.

7. Der Rektor lobt die Kinder und Papino. Sie erhalten eine Belohnung.
   - ◯ Sie haben am nächsten Tag alle schulfrei.
   - ◯ Sie müssen die nächste Klassenarbeit nicht mitschreiben und bekommen trotzdem eine Eins.
   - ◯ Sie bekommen Eis-Gutscheine und Sonnenblumenkerne.

BVK LP124 • Silke Höffmann: Literaturprojekt zu „Papino und der Taschendieb“

Täter überführt – Zeitungsbericht

Am Ende des Buches steht ein Zeitungsartikel.
Darin wird berichtet, was *nach* der „Festnahme“ des Täters passiert. Es wird aber nicht erzählt, was *vorher* alles passiert ist.
Du bist nun ein Reporter für die Schülerzeitung.
Schreibe einen packenden **Zeitungsbericht** über das *ganze* Abenteuer.

1. Wähle zunächst eine **Überschrift** (Schlagzeile), die die Leser neugierig macht.

2. Dann kannst du eine kurze **Einleitung** schreiben. Verrate aber noch nicht zu viel!

3. Schildere dann das **Ereignis.** Im Verlauf des Artikels kannst du auch Aussagen von Till, Sara und Nuri einfließen lassen oder Papino zitieren. Dadurch wird dein Text verständlicher.

Viel Spaß beim Schreiben!

Der **Bericht** teilt eine Neuigkeit mit, die für eine größere Anzahl von Menschen interessant ist. Sie ist eine möglichst sachliche Mitteilung über ein aktuelles Ereignis.

Berichte antworten auf W-Fragen:

- **Was** ist passiert?
- **Wer** war daran beteiligt?
- **Wann** ist es geschehen?
- **Wo** ist es geschehen?
- **Wie** ist es passiert?
- **Warum** ist es geschehen?
- **Woher** stammen die Informationen?

BVK LP124 • Silke Höffmann: Literaturprojekt zu „Papino und der Taschendieb“

Schreibanlass

Auf dieser Seite findest du drei Schreibanlässe. Lies sie genau und suche dir dann einen aus, zu dem du etwas schreiben möchtest.

Bericht für die Schülerzeitung
Nuri soll für die Schülerzeitung einen Bericht über die Ermittlungen schreiben, die er mit Sara und Till angestellt hat. Er setzt sich an seinen Schreibtisch und sieht auf das leere Blatt. Was soll er nur schreiben? Schön spannend soll der Bericht sein. Natürlich soll aber auch die Wahrheit darin stehen. Nuri setzt den Füller auf das Papier und beginnt zu schreiben …

Kriminalfall
Sara hat gerade ihre Judostunde beendet, als ihr Handy klingelt. Schnell fischt sie es aus ihrer Sporttasche und geht ran. Mit großen Augen hört sie ihrer Freundin zu. Sie erzählt ihr, dass im Kindergarten ihrer Schwester der Hamster entführt wurde. Sara und ihre Freunde sollen den Hamster finden und den Entführer stellen.
So schnell sie kann, zieht Sara sich an und flitzt zum Geheimversteck. Zum Glück will sie sich gleich mit Till und Nuri dort treffen. Dann können sie sofort mit den Ermittlungen beginnen.

Tiergeschichte
Till hat Papino mit ins Altersheim genommen. Onkel Theo ist krank und Papino soll ihn ein bisschen aufheitern. Aber Papino hat sich davongeschlichen und fliegt nun auf leisen Schwingen durch das Altersheim. Er hat bereits einen alten Mann erschreckt, als dieser über den Flur ging. Plötzlich hat Papino hinter ihm auf der Gardinenstange gesessen und „Na, du alter Knacker!“ gerufen.
Was stellt Papino noch an?

BVK LP124 • Silke Höffmann: Literaturprojekt zu „Papino und der Taschendieb“

Rechtschreibung

Till hat sich Notizen gemacht, um nichts zu vergessen.
Er hat aber alles in Großbuchstaben aufgeschrieben.
Leider hat Papino Löcher in das Papier geknabbert.
Dadurch fehlen auch die Satzzeichen.

1. Schreibe den Text vollständig auf.
   Achte auf die richtige Groß- und Kleinschreibung.

2. Setze auch die fehlenden Satzzeichen (. , ?) ein.

SARA UND ICH WOLLEN DEN DIEB FINDEN
DER DIEB HAT GELDBÖRSEN UND NURIS HANDY GESTOHLEN
NURI MÖCHTE SEIN HANDY ZURÜCK   DAHER WILL ER UNS HELFEN
ZUSAMMEN FINDEN WIR DEN DIEB BESTIMMT SCHNELLER
WIR TREFFEN UNS UM FÜNF UHR BEI MIR
NATÜRLICH WIRD AUCH PAPINO DABEI SEIN
WIR WOLLEN ÜBER EIN GEHEIMES BANDENVERSTECK NACHDENKEN
OB WIR ES WOHL SCHAFFEN   DEN DIEB ZU ÜBERFÜHREN

Interview mit einem Reporter

In Zeitungen liest man Artikel und Interviews, die Reporter geschrieben haben. Aber weißt du auch, wie ein Reporter arbeitet? Wie kommt er auf seine Fragen? Wie findet er die Themen für seine Artikel und wie verläuft sein Tag?

Recherchiere im Internet – zum Beispiel unter *www.fragfinn.de* oder *www.blinde-kuh.de (Suchbegriff: Beruf Reporter)* – was du über den Beruf des Reporters herausfindest. Schreibe eine Zusammenfassung.

Überlegt gemeinsam mit eurer Lehrerin / eurem Lehrer, ob ihr einen Zeitungsverlag besuchen könnt. Oder ihr ladet einen Redakteur in eure Klasse ein. Schreibt nun alle Fragen auf, die euch interessieren.
Dieser Steckbrief hilft euch:

Beruf: Reporter

Arbeitsplatz: ______________________________

Ausbildung: ______________________________

Welche Themen bearbeitet er? ______________________________

____

Wie findet er seine Themen? ______________________________

____

Ein typischer Tag: ______________________________

____

____

Was mag er an seinem Beruf? ______________________________

____

____

BVK LP124 • Silke Höffmann: Literaturprojekt zu „Papino und der Taschendieb“

Der Kinderkrimi

Hast du schon viele Krimis für Kinder gelesen? Wenn du dich erst noch ein wenig informieren möchtest, dann lies zuerst den Infotext.

In einem Krimi geht es meist um ein Verbrechen und seine Auflösung. Ein Polizist oder Detektiv jagt einen Verbrecher. Manchmal ist es auch ein Team von Ermittlern.
In einem Kinderkrimi ermittelt meistens eine Gruppe von Kindern, die gemeinsam einem Verbrecher auf die Spur kommt. Dabei bekommen die Kinder häufig Unterstützung von einem Tier. In vielen Geschichten bemerken die Kinder ein Unrecht oder eine Straftat und sie wollen den Täter finden und überführen. Dabei haben sie das Problem, dass sie nicht ernst genommen werden. Oft sind die Gegner erwachsen und damit viel stärker als die Kinder. Sie müssen also sehr schlau vorgehen, um den oder die Täter zu überführen.

1. Welche Detektiv-Figuren kennst du? Schreibe sie auf. Du kannst auch im Internet recherchieren.

___

___

2. Gefällt dir eine Detektiv-Serie besonders gut? Bist du zum Beispiel ein Fan von den *Fünf Freunden?* Dann schreibe auf, was du an ihnen magst. Diese Fragen helfen dir:
   a) Wie heißt die Serie und wer spielt mit?

   ___

   b) Kommt ein Tier darin vor?

   ___

   c) Welcher Fall war der spannendste?

   ___

3. Du kannst auch ein Plakat zu deiner Detektiv-Serie gestalten. Schreibe alles auf, was dir einfällt und klebe Bilder dazu. Wenn du noch keine Lieblingsserie hast, dann suche dir eine aus und recherchiere dazu.

BVK LP124 • Silke Höffmann: Literaturprojekt zu „Papino und der Taschendieb“

Lernwörter – Faltdiktat

1. Knicke das Blatt an der ersten Linie.
2. Lies ein Wort und merke es dir.
3. Schreibe es auswendig auf. Wenn du fertig bist, klappst du das Blatt wieder auf und kontrollierst Wort für Wort.
4. Suche dir einen Partner. Lasse dir die Wörter von ihm diktieren.

Lernwörter	**Faltdiktat**	**Partnerdiktat**
1. der Papagei	1. ______	1. ______
2. das Altersheim	2. ______	2. ______
3. der Kriminalfall	3. ______	3. ______
4. der Geldbeutel	4. ______	4. ______
5. der Quatschkopf	5. ______	5. ______
6. die Freunde	6. ______	6. ______
7. die Polizeisirene	7. ______	7. ______
8. das Detektivbüro	8. ______	8. ______
9. die Dachbalken	9. ______	9. ______
10. die Gummibärchen	10. ______	10. ______
11. das Klassenzimmer	11. ______	11. ______
12. der Spielplatz	12. ______	12. ______
13. das Klettergerüst	13. ______	13. ______
14. die Toilette	14. ______	14. ______
15. der Treffpunkt	15. ______	15. ______
16. das Kompliment	16. ______	16. ______
17. das Diebesgut	17. ______	17. ______
18. der Windelpupser	18. ______	18. ______
19. der Fahrradanhänger	19. ______	19. ______
20. der Tafeldienst	20. ______	20. ______

BVK LP124 • Silke Höffmann: Literaturprojekt zu „Papino und der Taschendieb“

Buchbesprechung

Das Buch heißt:

____

____

Das hat mir am besten gefallen:

____

____

____

Was ich an dem Buch nicht mochte, war:

____

____

____

Meine Lieblingsfigur in dem Buch war:

____

____

____

Meine Lieblingsstelle in dem Buch war: ______________________________

______________________________,

weil ______________________________

____

Könnte man das Buch anderen Kindern weiterempfehlen?
Warum oder warum nicht?

____

____

Das möchte ich noch sagen: ______________________________

____

BVK LP124 • Silke Höffmann: Literaturprojekt zu „Papino und der Taschendieb“

Suchbild

Schaue dir das Suchbild genau an. Was siehst du?
Achte darauf, welches Verbrechen verübt wurde. Wo findet das Verbrechen statt und entdeckst du auch den Räuber? Kreise ein. Denke dir dann eine Geschichte dazu aus. Schreibe auf ein Blatt.

BVK LP124 • Silke Höffmann: Literaturprojekt zu „Papino und der Taschendieb“

Leben im Altersheim

Onkel Theo ist nach dem Tod seiner Frau in ein Altersheim gezogen, weil er nicht allein sein will. In Altersheimen wohnen viele Menschen, denen es wie Onkel Theo geht. Ihre Partner sind gestorben und sie möchten nicht allein leben. Aber es gibt auch viele alte Menschen, die krank sind und deshalb dort wohnen. Sie können zum Beispiel nicht mehr gut laufen oder sich kaum noch bewegen, deshalb brauchen sie Hilfe. Im Altersheim arbeiten Pfleger, die diesen Menschen bei allen alltäglichen Dingen helfen.

1. Schaue dir die Bilder genau an. Schreibe neben das Bild, was du siehst und welche Aufgaben die Pfleger für die alten und kranken Menschen übernehmen.

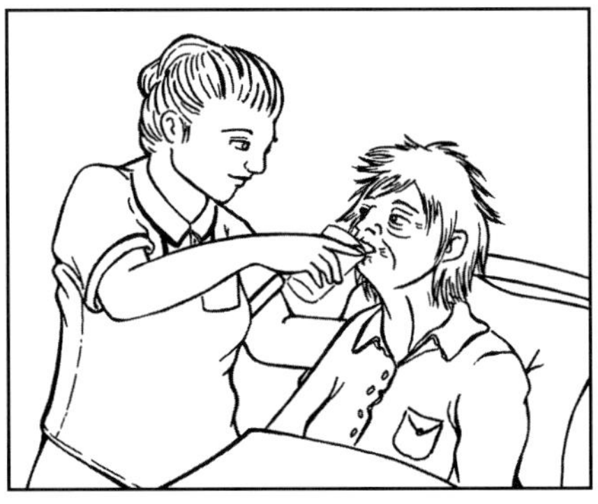

____

____

____

____

____

____

____

____

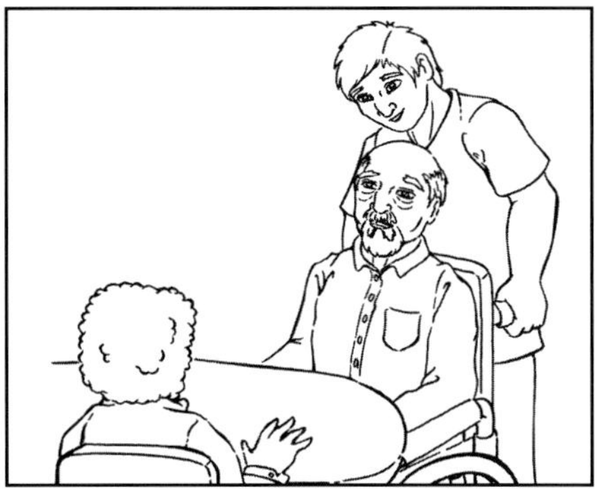

____

____

____

____

2. Überlege, welche Dinge dir noch einfallen, die ein Altersheimbewohner vielleicht nicht mehr allein machen kann. Schreibe sie in dein Heft.

BVK LP124 • Silke Höffmann: Literaturprojekt zu „Papino und der Taschendieb“

Tagesablauf im Altersheim

Onkel Theo hat im Altersheim einen festen Tagesablauf.
Links siehst du, was er den ganzen Tag macht. Die Uhr in der Mitte zeigt die verschiedenen Tageszeiten an. Schreibe auf die Linien rechts neben die Uhren, was **du** zu dieser Tageszeit meistens machst.
Vergleiche nun die Tagesabläufe. Welche Unterschiede fallen dir auf?
Schreibe in dein Heft.

aufstehen/waschen

Frühstück

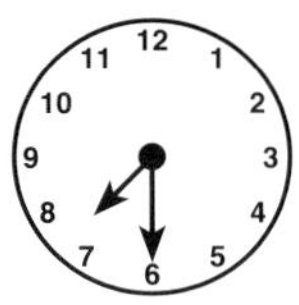

Mittagessen

Mittagsruhe

Besuch/Kaffee und Kuchen

Gruppenspiele/Aktivitäten

Abendessen

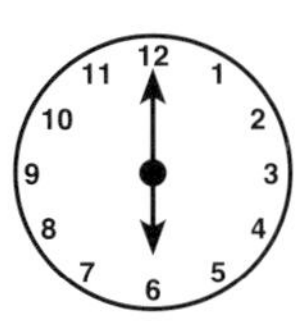

Fernsehen

schlafen

BVK LP124 • Silke Höffmann: Literaturprojekt zu „Papino und der Taschendieb“

Der Papagei

1. Lies den Text und setze die passenden Wörter in die Kästchen ein. Wenn du alles richtig gelöst hast, weißt du genau, was ein Papagei alles braucht. **Tipp:** Diese Wörter helfen dir:

> Spielzeug – Haustiere – Gruppen – Flügel – Käfig – Körnerfutter – spielen – Sauberkeit – Papagei – Vogelsand – Futternapf – Kalkstein

Papageien werden von Menschen schon sehr lange als __________ gehalten. Wenn man ein Haustier hat, muss man sich gut darum kümmern. Ein __________ wie Papino braucht zum Beispiel einen __________ mit Sitzstangen und einen Wasser- und __________. Der Käfig sollte groß genug sein, damit der Vogel seine __________ ausbreiten kann. Außerdem sollte er täglich frei fliegen dürfen. Achtung: Ein Papagei knabbert alles an, auch Möbel und andere Dinge, die er eigentlich nicht zerstören soll. Der Vogel braucht ein __________, um sich nicht zu langweilen. Auf dem Boden des Käfigs sollte __________ verstreut werden und an den Gitterstäben ein __________ angebracht sein. Und natürlich muss der Papagei etwas fressen. Hierfür eignet sich ein __________ aus der Tierhandlung. Aber auch Gemüse- und Obststücke sind für den Papagei wichtig. Der Käfig des Pagageis muss wie die Wasser- und Futternäpfe gesäubert werden. Neben der __________ ist es wichtig, sich um den Vogel zu kümmern. Da Papageien in der freien Natur in __________ zusammenleben, sind sie schnell einsam. Deshalb sollte man viel mit ihnen __________ und sich mit ihnen unterhalten.

BVK LP124 • Silke Höffmann: Literaturprojekt zu „Papino und der Taschendieb“

Die Körperteile des Papageis

Kennst du die einzelnen Körperteile des Papageis?

Schreibe die Körperteile auf die entsprechenden Linien:

Flügel – Schnabel – Schwanzfedern – Kopf – Auge – Bauch – Füße – Rücken

2. Male den Papagei so bunt an, wie es dir am besten gefällt. Du kannst auch in einem Tierbuch nachschauen und ihn naturgetreu anmalen.

BVK LP124 • Silke Höffmann: Literaturprojekt zu „Papino und der Taschendieb“

Die Sprache des Papageis

„Papino ist der Größte“, ruft Papino.
Wie viele andere Papageien hat er gelernt, einige Sätze zu sprechen. Aber warum können Papageien das, während andere Vögel nur singen können?

In der freien Natur würde Papino mit vielen anderen Papageien zusammen in einer Gruppe leben. Diese Gruppe verständigt sich über Töne, die die Vögel von sich geben. Darunter gibt es Laute, die nur diese Gruppe benutzt und durch die sich die Vögel sofort erkennen. Wenn ein Papagei in die Gruppe aufgenommen wird, erlernt er die Sprache der Gruppe und wird ein Teil von ihr. Daneben hat jeder Papagei auch noch ein paar individuelle Laute, die nur er erzeugen kann und durch die die anderen Gruppenmitglieder sofort wissen, wer er ist.

Papageien ahmen alles nach, was sie an Geräuschen und Tönen in ihrer Umwelt finden. Das kann ein Satz sein, den ein Mensch ihnen beibringt, aber auch das Bellen eines Hundes oder das Geräusch der Türklingel. Sie sind außerdem sehr schlau und vergessen niemals ein Geräusch, das sie einmal gelernt haben.

Hast du den Text über die Sprache des Papageis gut gelesen? Dann löse das Kreuzworträtsel. Du erhältst einen Lösungssatz.

Papageien leben in der freien Natur in einer … zusammen.		9	4			8	
Die Tiere verständigen sich über besondere …	11			6			
Jede Gruppe hat eigene …		3			8		
Papageien können … und Töne nachahmen.	5		9			1 SCH	
Sie können sogar … wie ein Hund.			2	7		10	

Lösungssatz: Papageien sind sehr SCH (1) ___ (2) ___ (3) ___ (4) und vergessen nie

ein Geräusch, das sie ___ (5) ___ (6) ___ (7) ___ (8) ___ (9) ___ (10) ___ (11) haben.

Geschwister

Nuri hat seine kleine Schwester Ayla fast immer dabei. Er nimmt sie mit zu den Detektiv-Treffen. Nuri geht mit ihr auf den Spielplatz. Außerdem tröstet er sie, wenn sie hingefallen ist. Es ist toll, wenn Geschwister sich so gut verstehen.

Hast du auch Geschwister? Fülle einen Geschwister-Steckbrief für euch beide aus. Wenn du mehrere Geschwister hast, kannst du den Geschwister-Steckbrief mehrfach ausfüllen. Wenn du keine Geschwister hast, dann stelle dir vor, wie es sein könnte. Wie sollte dein Bruder oder deine Schwester sein? Male anschließend ein Bild von euch beiden in das Kästchen.

Geschwister-Steckbrief

Mein Name: ______________________________

Name meines Bruders / meiner Schwester: ______________________________

Ich bin ________ Jahre alt. Er / Sie ist ________ Jahre alt.

Ich kann besonders gut: ______________________________

____

Er / Sie kann besonders gut: ______________________________

____

Wir streiten uns, wenn ______________________________

____

Das machen wir gerne zusammen:

____

____

____

Das sind wir:

BVK LP124 • Silke Höffmann: Literaturprojekt zu „Papino und der Taschendieb“

Meine Sportart

Sara lernt Judo. Am Ende des Buches schafft sie es mit Hilfe ihrer Kampfsporttechnik, den Dieb Mika umzuwerfen und so an der Flucht zu hindern.

Judo bedeutet übersetzt so viel wie „sanfter Weg“. Es ist eine alte japanische Kampfsportart, bei der zwei Gegner gegeneinander antreten. Sie versuchen, sich gegenseitig zu Fall zu bringen. Dabei wenden sie verschiedene Griffe und Bewegungen an, jedoch wird nicht getreten oder geschlagen. Es gibt Wurftechniken, Bodentechniken und Falltechniken. Waffen werden nicht eingesetzt! Wichtig ist es, den Gegner zu verstehen und seinen Angriffen geschickt auszuweichen. Es geht aber mehr darum, sportlich aktiv zu sein, als sich selbst zu verteidigen.

Welche Sportarten übt ihr selbst aus? Zum Beispiel:
Fußball – Reiten – Schwimmen – Ballett – Leichtathletik – Turnen … ?

1. Macht eine Umfrage in eurer Klasse. Findet euch dann zu Gruppen für eure Sportart zusammen.
   Überlegt gemeinsam:
   - Warum habt ihr euch für diese Sportart entschieden?
   - Ist es ein Mannschaftssport oder eher ein Einzelsport?
   - Wie oft habt ihr Training?
   - Gibt es Wettkämpfe?
   - Könnt ihr den Sport nur in eurem Verein ausüben oder auch einfach so in eurer Freizeit?
   - Was macht euch am meisten Spaß an eurer Sportart?
   - …

2. Stellt eure Sportart dann in eurer Klasse vor.

BVK LP124 • Silke Höffmann: Literaturprojekt zu „Papino und der Taschendieb“

Utensilien eines Detektives

Hier siehst du einige Utensilien, die ein Detektiv braucht, um seine Fälle lösen zu können. Schaue sie dir genau an und schreibe auf die Linien, was ein Detektiv damit macht. Du kannst hierzu auch im Internet recherchieren.

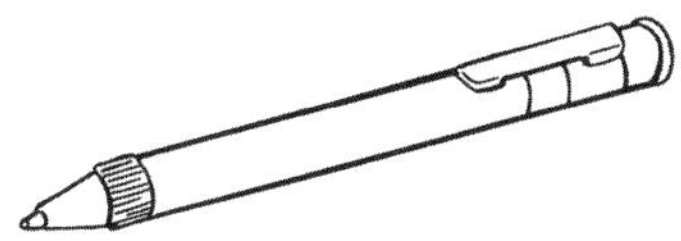

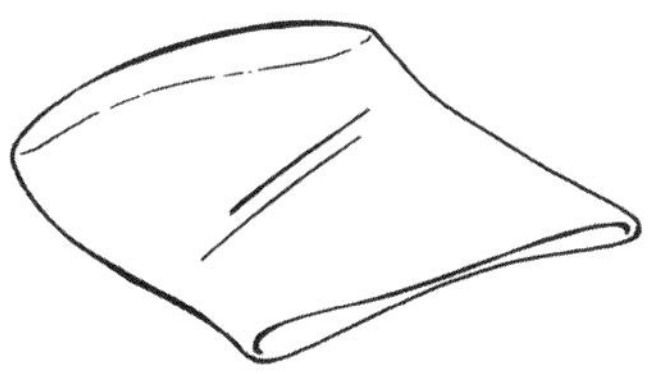

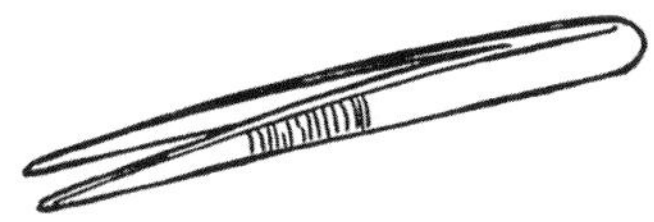

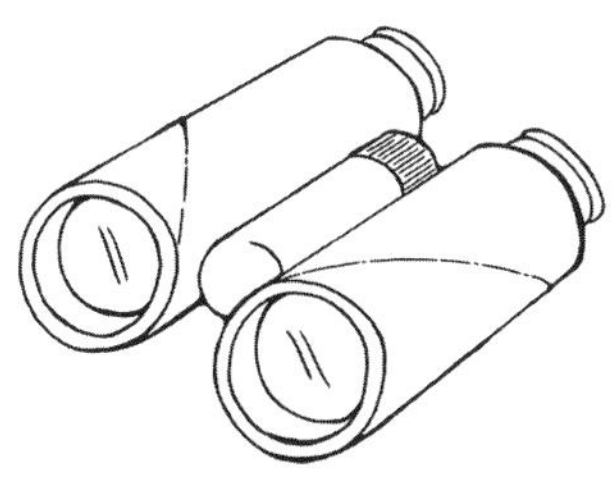

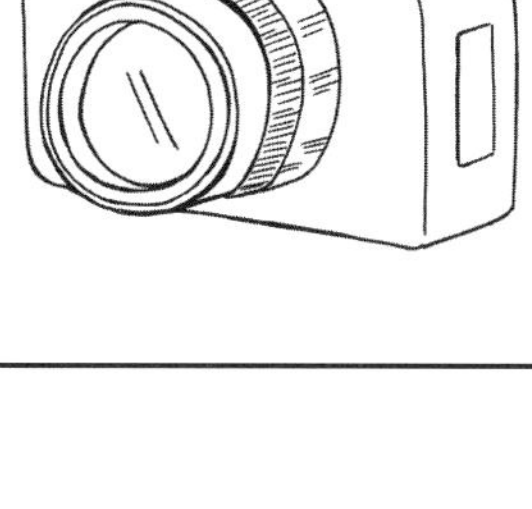

BVK LP124 • Silke Höffmann: Literaturprojekt zu „Papino und der Taschendieb“

Pünktlich wie die Kirchturmuhr

Für einen Detektiv ist es sehr wichtig, die genaue Uhrzeit zu wissen. Kennst du dich aus mit der Zeit? Dann löse die Aufgaben.

1. Nummeriere die folgenden Tagebucheinträge in der richtigen Reihenfolge.
2. Zeichne dann die passende Uhrzeit ein.

1	Morgens um 6 Uhr klingelte das Telefon. Die Polizei bat mich um meine Mithilfe.	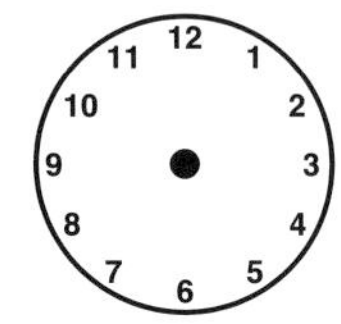
	Als ich eintrat brauchte ich nur fünf Minuten, um den Dieb zu erkennen. Er hatte sich an der Hand verletzt und trug einen Verband. Die Kette hing ihm aus der Manteltasche.	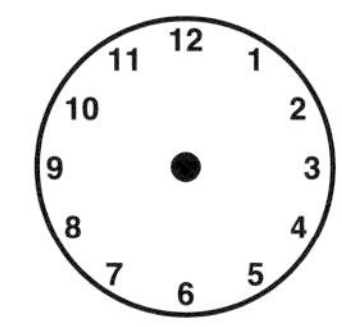
	Im Hinterhof des Ladens fand ich um 7 Uhr 45 einige Fußspuren. Ich folgte ihnen durch die Stadt.	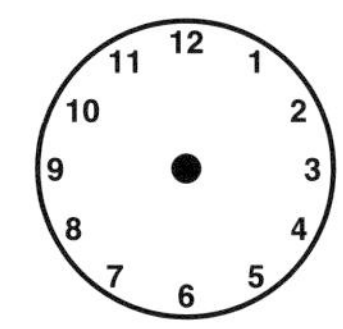
	Schnell rief ich die Polizei. Sie kam um 9 Uhr 25 in das Café und nahm den Täter fest. Ich war ziemlich stolz auf meine Leistung und der Kommissar auch.	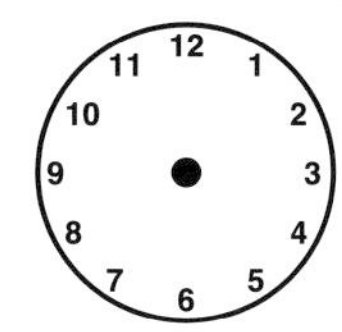
	Um 9 Uhr fand ich den letzten Fußabdruck vor einem Café. Hier musste der Dieb verschwunden sein.	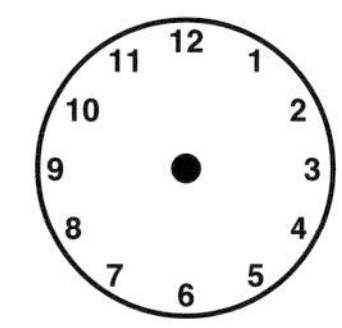
	Das Verbrechen war mitten in der Nacht geschehen. Jemand hatte die Scheibe im Juwelierladen eingeschlagen und eine kostbare Halskette gestohlen. Um 7 Uhr 15 begann ich mit meinen Ermittlungen.	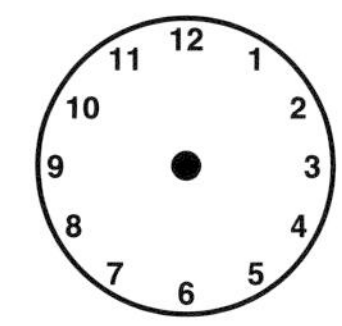
	Ich brauchte zwanzig Minuten, bis ich am Tatort war. Dort musste ich nach dem Hauptkommissar suchen. Um 7 Uhr sprachen wir endlich miteinander.	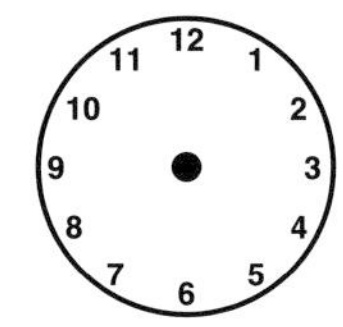
	Fünf Minuten später stürzte ich ins Bad, wusch mich und putzte mir die Zähne. Dann zog ich schnell etwas an. Ich verließ das Haus um 6 Uhr 32.	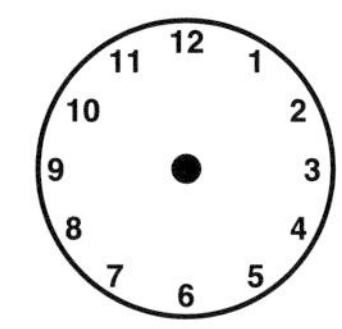

BVK LP124 • Silke Höffmann: Literaturprojekt zu „Papino und der Taschendieb“

Trösten

Jemanden zu trösten, wenn er traurig ist, ist schwer. Als Till glaubte, dass Papino weg ist, hätte er fast geweint. Zum Glück konnten ihm seine Freunde aber helfen, indem sie gemeinsam nach dem Papagei suchten.
Das geht aber nicht immer. Manchmal kann man etwas nicht wieder gutmachen, was jemanden traurig macht. Ein schlechte Note, eine zerbrochene Freundschaft oder ein schlimmer Sturz werden nicht besser, wenn man gute Ratschläge gibt. Hier hilft nur Verständnis und füreinander da zu sein.
Seht euch den 6-Punkte-Plan an.

6-Punkte-Plan

1. Wenn der andere weint, lasse ihn weinen.
2. Sage nicht: „Das wird schon wieder" oder „Beim nächsten Mal wird's besser".
3. Nimm den Trauernden in den Arm. Sei für ihn da.
4. Gib ihm Taschentücher.
5. Höre dem Trauernden gut zu.
6. Sage ihm etwas Nettes, egal was.

Wann warst du schon einmal so richtig traurig? Versuche, dich an diese Situation zu erinnern. Suche dir dann einen Partner und berichte ihm davon. Überlege dir auch, was dir geholfen hätte. Versucht gemeinsam, den 6-Punkte-Plan noch zu erweitern.

Macht dann ein Rollenspiel. Einer von euch ist traurig und der andere versucht, ihn zu trösten. Beachtet dabei den 6-Punkte-Plan.

BVK LP124 • Silke Höffmann: Literaturprojekt zu „Papino und der Taschendieb"

Gemeinsam schaffen wir es!

Till und seine Freunde schaffen es gemeinsam, den Dieb in der Schule zu überführen.

1. Macht zusammen eines der Spiele und versucht, euch gegenseitig zu helfen.

   Diebe überführen
   Ein Kind wird gewählt, das den Detektiv spielt. Alle anderen Kinder sind Diebe. Sie liegen auf dem Rücken in einem Kreis auf dem Boden und haken sich jeweils bei ihrem Nachbarn unter. Die Köpfe zeigen alle zur Mitte. Die Diebe halten nun fest zusammen, wenn der Detektiv um sie herumschleicht. Er versucht, ein Kind an den Füßen zu fassen und es aus dem Kreis zu ziehen.
   Achtung: Niemand sollte sich bei dem Spiel wehtun!
   Wenn der Detektiv einen Dieb überführt hat, wird der Dieb zum Detektiv und hilft, weitere Diebe zu überführen. Zwei Detektive dürfen zusammenarbeiten, aber nicht mehr. Gewonnen haben am Ende die beiden letzten Diebe, die noch nicht überführt wurden.

   Die Diebesbande
   Ein Kind wird zum Detektiv gewählt und verlässt kurz den Raum. Alle anderen Kinder bilden eine Diebesbande. Sie wählen einen Dieb zu ihrem Anführer. Wenn der Detektiv nun das Zimmer wieder betritt, macht der Anführer eine Bewegung vor und alle Diebe machen die Bewegung nach. Der Anführer darf sich natürlich nicht erwischen lassen, muss sich aber immer wieder neue Bewegungen ausdenken.
   Der Detektiv hat eine vorher festgelegte Zeit die Gelegenheit, auf Spurensuche zu gehen und den Anführer zu finden. Schafft er es, hat er gewonnen. Wird der Anführer nicht entdeckt, hat er gewonnen.

2. Die Gewinner des Spiels dürfen sich nun in die Mitte eines Stuhlkreises setzen. Dann werden ihre Stärken aufgezählt. Jedes Kind darf etwas Nettes über eines der Kinder sagen. Schön wäre, wenn im Verlauf der Spiele jedes Kind einmal in der Mitte sitzen darf.

Wir basteln ein Notizbuch

Du brauchst: weißes Papier DIN A4 (ca. 6 – 8 Seiten), 1 Schere, 1 Blatt buntes Papier (DIN A4), 1 Prickelnadel, 1 Prickelunterlage, etwas reißfeste Schnur, Bleistift

So geht es:

- Falte die DIN-A4-Seiten alle auf die Hälfte und schneide sie an der Knicklinie auseinander. Falte dann jede Seite in der Mitte. Dabei musst du sehr genau sein, damit nachher nicht einzelne Seiten aus deinem Buch herausgucken.

- Wenn du alle Seiten gefaltet hast, lege sie übereinander. Auch hier solltest du sehr genau sein. Markiere mit einem Bleistift den Punkt in der Mitte der Knicklinie sowie jeweils einen Punkt oberhalb und unterhalb dieses Punktes.

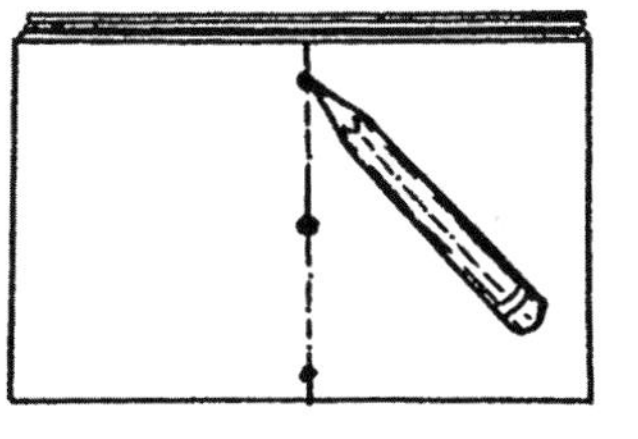

- Diese Punkte durchstichst du nun mit der Prickelnadel.
  Achtung: Achte darauf, dass die Seiten dabei nicht verrutschen!

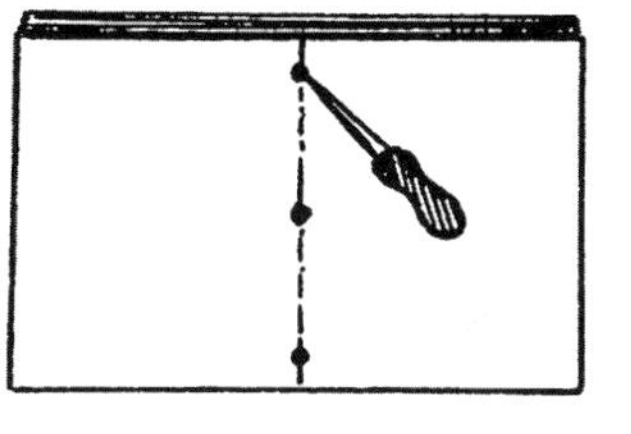

- Nimm dann ein Stück reißfeste dünne Schnur und ziehe sie entsprechend der Anleitung durch die Löcher. Binde anschließend einen festen Knoten.

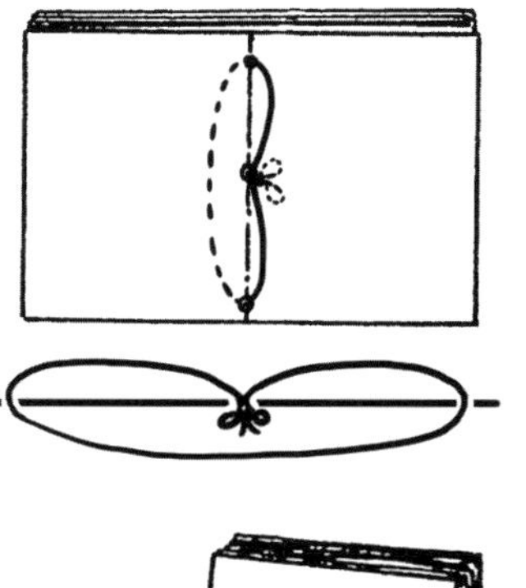

- Dein Notizbuch ist nun fertig. Du kannst noch den Umschlag bemalen, bekleben oder so gestalten, wie es dir gefällt.

BVK LP124 • Silke Höffmann: Literaturprojekt zu „Papino und der Taschendieb“

Gestalte deinen eigenen Stift

Ein Detektiv sollte immer einen Stift dabei haben. Damit du deinen Stift immer wiedererkennst, solltest du ihn nach deiner Vorstellung gestalten.

Du brauchst: buntes Papier (Geschenkpapier, Bastelpapier …), Klebstoff, Schere, Bleistift, evtl. buntes Klebeband (Masking Tape), Lineal

So geht es:

- Nimm einen Bleistift und lege ihn auf das Geschenkpapier. Miss genau ab, wie lang der Bleistift ist (ohne den Radiergummi und die Bleistiftspitze). Zeichne die Maße auf dem Papier ein.

- Rolle das Papier einmal vorsichtig um den Bleistift und mache einen Strich, wenn sich das Papier ein Stück überlappt.

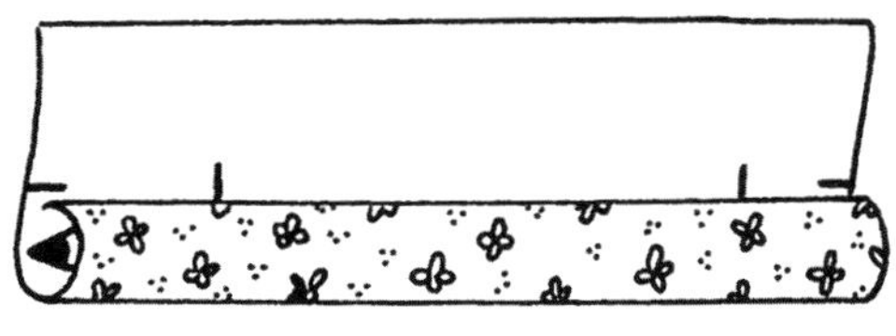

- Nun kannst du dein Papierstück ausschneiden.

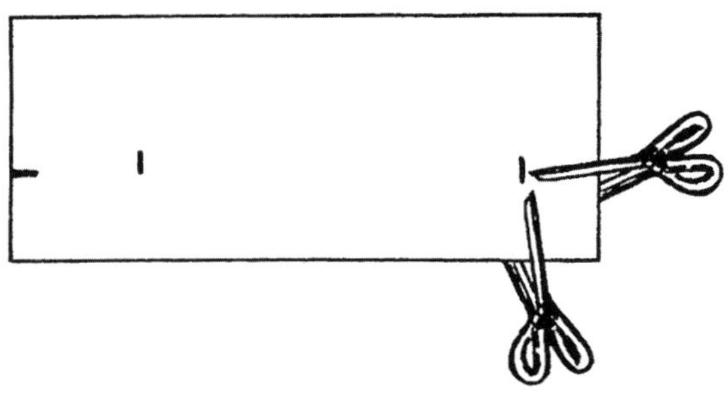

- Bestreiche es mit ein wenig Klebstoff und lege den Bleistift auf den Anfang des Papiers.
- Rolle den Bleistift über das Papier. Achte darauf, dass das Papier an dem Bleistift kleben bleibt, ohne Falten zu werfen.

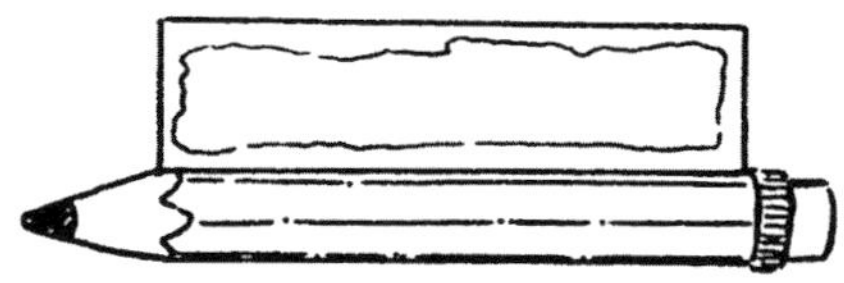

- Wenn das Papier ein bisschen getrocknet ist, kannst du noch buntes Klebeband um den Stift kleben und ihn so zusätzlich verzieren.

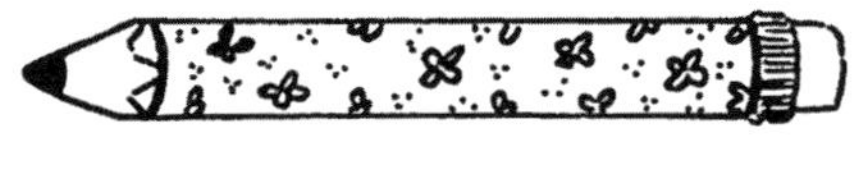

Alternative: Du kannst anstatt des Papiers auch nur das bunte Klebeband um den Stift kleben. Auch dann hast du einen schönen, selbst gestalteten Bleistift, den du überall wiedererkennst.

BVK LP124 • Silke Höffmann: Literaturprojekt zu „Papino und der Taschendieb“

Mein schönster Geldbeutel

Sara hat einen roten Geldbeutel mit einem Pferd darauf.
Wie würde dein schönster Geldbeutel aussehen?
Male einen der Geldbeutel an. Wie sieht dein Traum-Geldbeutel aus?
Macht nachher in der Klasse eine kleine Ausstellung und stellt eure Entwürfe vor. Viel Spaß!

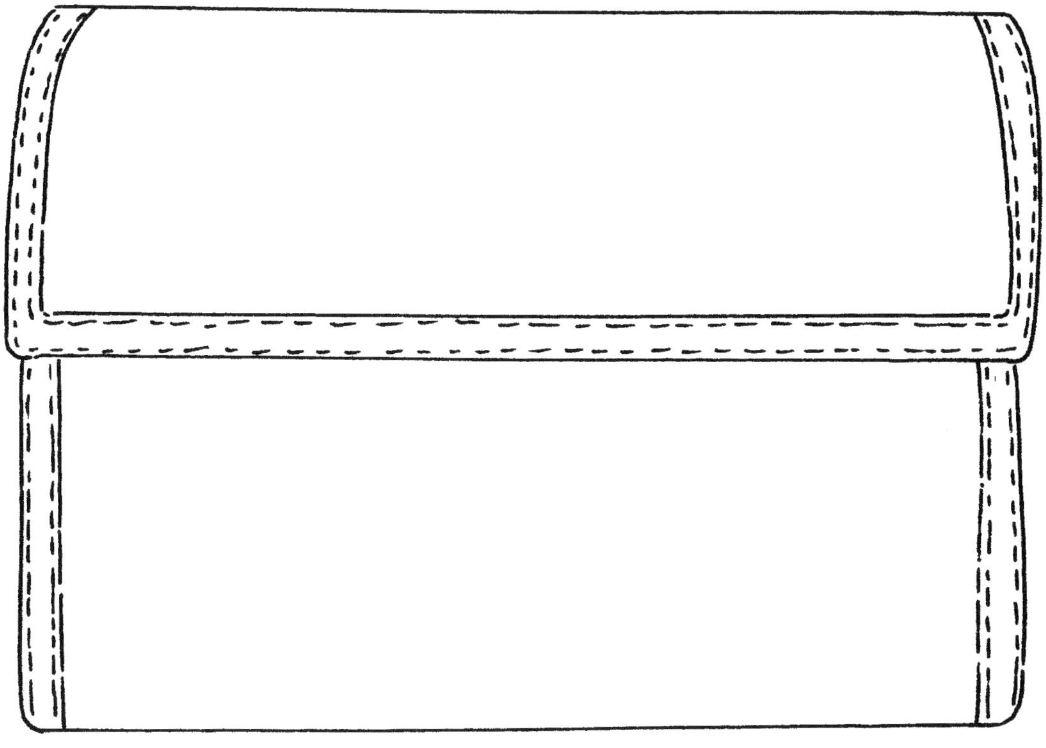

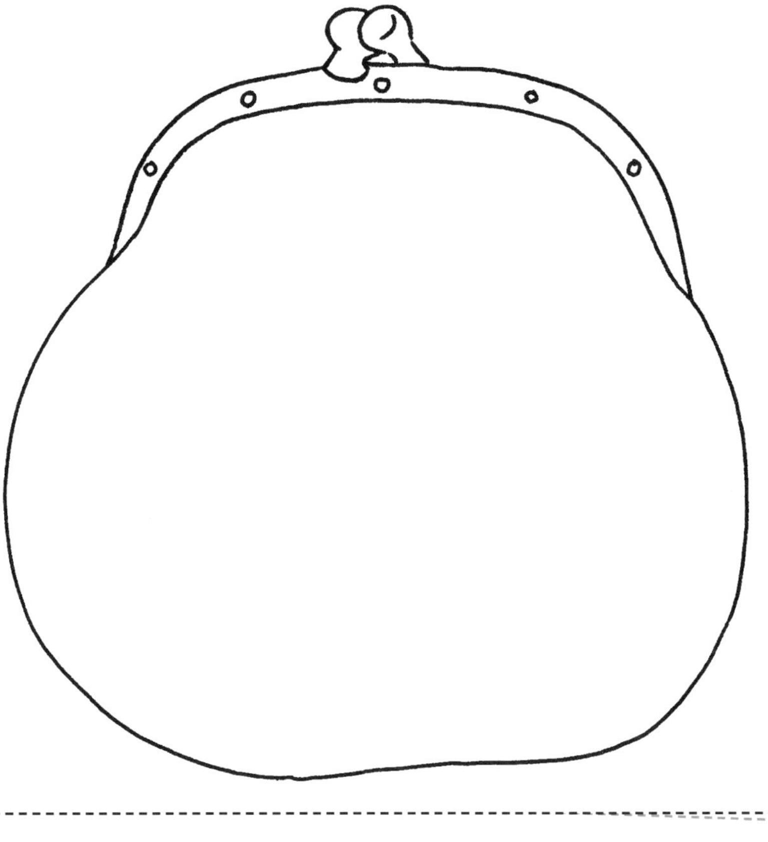

BVK LP124 • Silke Höffmann: Literaturprojekt zu „Papino und der Taschendieb“

Papino-Kuchen

Über diesen Kuchen freuen sich nicht nur Till und Nuris Schwester Ayla. Genießt ihn gemeinsam. Viel Spaß beim Backen!

Zutaten: 250 g weiche Butter – 160 g Zucker – 4 Eier – 300 g Mehl – 2 TL Backpulver – Fett für die Form – 100 ml frisch gepressten Zitronensaft – 100 g Puderzucker – Lebensmittelfarbe in Rot, Gelb, Blau und Grün – 1 Tüte Gummibärchen

Materialien: 3 Schüsseln – 1 Küchenwaage – 1 Teelöffel – 1 Messbecher – Schälchen – 1 Rührlöffel – 1 Handrührgerät mit Rührhaken – Backform – Ofen – evtl. Schaschlikstäbchen

- Butter mit etwas Zucker in eine Schüssel geben. Mit dem Handrührgerät schaumig schlagen.
- Die Eier aufschlagen, dazugeben und alles miteinander vermischen.

- Mehl und Backpulver in einer zweiten Schüssel vermischen.
- Den restlichen Zucker dazugegeben und mit Mehl und Backpulver vermengen.
- Die Butter-Zuckermischung in die Mehlmischung geben. Mit dem Handrührgerät alle Zutaten vermengen. Dabei auf der niedrigsten Stufe vorsichtig beginnen, denn die vielen trockenen Zutaten können etwas stauben.

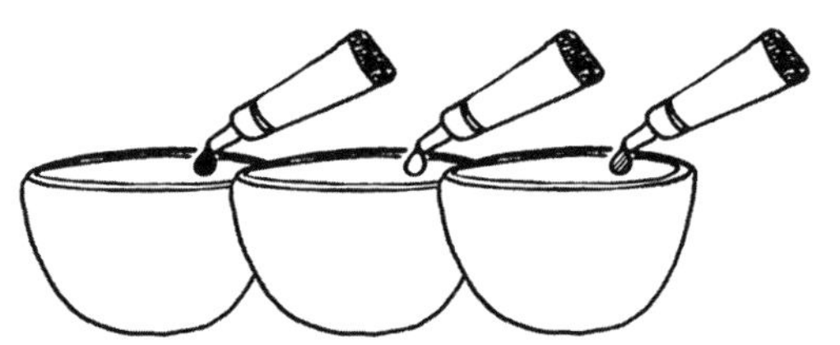

- Nun den Teig in drei Teile aufteilen. In die erste Schüssel grüne Lebensmittelfarbe geben, in die zweite rote und in die dritte blaue. Je mehr Farbe, desto intensiver wird das farbige Ergebnis (evtl. Verpackungshinweis beachten).
- Die Backform einfetten und schichtweise einen Kuchenteig nach dem anderen einfüllen. Mit einem Schaschlikstäbchen oder einer Gabel kann der Kuchen noch vorsichtig durchzogen und so marmoriert werden.

- Den Kuchen bei 180 °C etwa 60 Minuten backen.
- Nach 15 Minuten die Form auf den Kopf drehen und den Kuchen herausholen. Nun muss er ganz kalt werden.
- Während der Kuchen abkühlt, in einem Schälchen den Puderzucker mit etwas Zitronensaft mischen. Darauf achten, dass die Mischung nicht zu flüssig wird. Zu der Mischung auch die gelbe Lebensmittelfarbe hinzufügen, sie macht die Mischung noch etwas flüssiger.
- Den gelben Zuckerguss über den kalten Kuchen geben und vorsichtig verteilen. Die Gummibärchen darauf drücken. Fertig ist euer Papino-Kuchen. Guten Appetit!

BVK LP124 • Silke Höffmann: Literaturprojekt zu „Papino und der Taschendieb“

Lösungen

zu S. 4: „Hände hoch!“
Aufgabe 1

- Die Hauptperson heißt **Till.**
- Tills Papagei hört auf den Namen **Papino.**
- Eigentlich gehört der Papagei **Onkel Theo.**
- Tills Freundin heißt **Sara.**
- Sie liest am liebsten **Krimis.**

Aufgabe 3
Es gibt einen echten **Kriminalfall**! Jemand hat Saras **Geldbeutel** gestohlen. Till glaubt, sie hat ihn **verloren**. Aber Nuri aus der 4b wurde das **Handy** gestohlen. Till glaubt Sara nicht. Sie wollen den Geldbeutel erst einmal **suchen**. Papino schreit: „**Haltet** den **Dieb**!“ Er kann aber auch **Schüsse** oder eine **Polizeisirene** nachmachen.

zu S. 5: „Ein echter Kriminalfall“
Aufgabe 1

Z	I	G	A	R	E	T	T	E	N	S	C	H	A	C	H	T	E	L
	B			N		P	A	U	S	E	N	B	R	O	T			K
	Ä			U										S				N
	L			R			P	F	E	R	D			P		H		A
	L			I										U		A		L
	E													R		N		L
B	A	N	A	N	E	N	S	C	H	A	L	E				D		R
																Y		O
	S	P	I	E	L	P	L	A	T	Z								T

Aufgabe 3
Nuri möchte zum Zirkus gehen.
Till verrät: „Ich werde mal Detektiv.“
„Und ich werde mal Kommisarin“, verkündet Sara.

zu S. 6: „Die Detektiv-Zentrale“
Aufgabe 1

1	Sara hat einen Schlüssel mitgebracht.
7	Bei seiner Flucht wirft Papino mit einem Flügel eine rote Schachtel auf den Boden.
5	Sie steigen auf den Dachboden und fühlen sich gleich wohl.
2	Der Schlüssel ist für den Dachboden.
6	Nuri beginnt zu jonglieren, aber Papino klaut ihm einen Ball.
4	Zusammen gehen Till, Nuri und Sara zu Sara nach Hause.
3	Das wäre ein toller Treffpunkt.
8	Sara öffnet die Schachtel und findet darin ein Armband.

zu S. 7: „Verdächtige“
Aufgabe 1
Lösungswort: TASCHENDIEB

zu S. 8: „Schweinekacke“
Aufgabe 3

Aufgabe 4
Ayla hat Papino gefunden.

Aufgabe 5
Schweinekacke

zu S. 9: „Alter Knacker“
Aufgabe 1
Onkel Theo sitzt vor dem Altersheim auf einer Bank und liest.
Papino grölt laut: „Theoooo, wir fahr'n nach Lodsch!“
Er hockt zufrieden auf Onkel Theos Schulter und knabbert an seinem Ohr.
Onkel Theo begrüßt Sara und lobt Nuris Jonglieren.
Ayla hebt er hoch, um sie im Kreis zu wirbeln.
Schließlich gibt er den Kindern einen Tipp, wie sie ihren Kriminalfall lösen können.

zu S. 10: „Haltet den Dieb!“
Aufgabe 1
Die **Kinder** legen das **Armband** gut sichtbar auf einen **Tisch**. Nuri versteckt sich im **Schrank**. Sara versteckt sich **unter** einem Tisch. Till verbirgt sich auf dem **Gang**. Zunächst kommt Frau **Amsel**, die **Lehrerin**. Danach geht **Jonas** in die Klasse. „**Haltet den Dieb**“, ruft Till. Aber Jonas hat das **Armband nicht**. Er ist nicht der **Dieb**.

zu S. 11: „Sie sind verhaftet!“

1. Er geht noch schnell aufs Klo.
2. Till stellt ihn unter einem Waschbecken vor den Toilettenkabinen ab.
3. Jemand macht sich an seinem Ranzen zu schaffen.
4. Papino schreit: „Finger weg! Hände hoch oder ich schieße!“
5. Der Dieb ist Mika aus der 4b.
6. Nuri trifft den Dieb mit seinen Jonglierbällen und Sara wirft ihn mit einem Judogriff zu Boden.
7. Sie bekommen Eis-Gutscheine und Sonnenblumenkerne.

BVK LP124 • Silke Höffmann: Literaturprojekt zu „Papino und der Taschendieb“

Lösungen

zu S. 14: „Rechtschreibung“
Aufgabe 2
Sara und ich wollen den Dieb finden**.**
Der Dieb hat Geldbörsen und Nuris Handy gestohlen**.**
Nuri möchte sein Handy zurück, daher will er uns helfen**.**
Zusammen finden wir den Dieb bestimmt schneller**.**
Wir treffen uns um fünf Uhr bei mir**.**
Natürlich wird auch Papino dabei sein**.**
Wir wollen über ein geheimes Bandenversteck nachdenken**.**
Ob wir es wohl schaffen, den Dieb zu überführen**?**

zu S. 19: „Suchbild“

zu S. 22: „Der Papagei“
Papageien werden von Menschen schon sehr lange als **Haustiere** gehalten. Wenn man ein Haustier hat, muss man sich gut darum kümmern. Ein **Papagei** wie Papino braucht zum Beispiel einen **Käfig** mit Sitzstangen und einen Wasser- und **Futternapf**. Der Käfig sollte groß genug sein, damit der Vogel seine **Flügel** ausbreiten kann. Außerdem sollte er täglich frei fliegen dürfen. Achtung: Ein Papagei knabbert alles an, auch Möbel und andere Dinge, die er eigentlich nicht zerstören soll. Der Vogel braucht ein **Spielzeug**, um sich nicht zu langweilen. Auf dem Boden des Käfigs sollte **Vogelsand** verstreut werden und an den Gitterstäben ein **Kalkstein** angebracht sein. Und natürlich muss der Papagei etwas fressen. Hierfür eignet sich ein **Körnerfutter** aus der Tierhandlung. Aber auch Gemüse- und Obststücke sind für den Papagei wichtig. Der Käfig des Pagageis muss wie die Wasser- und Futternäpfe gesäubert werden. Neben der **Sauberkeit** ist es wichtig, sich um den Vogel zu kümmern. Da Papageien in der freien Natur in **Gruppen** zusammenleben, sind sie schnell einsam. Deshalb sollte man viel mit ihnen **spielen** und sich mit ihnen unterhalten.

zu S. 23: „Die Körperteile des Papageis“

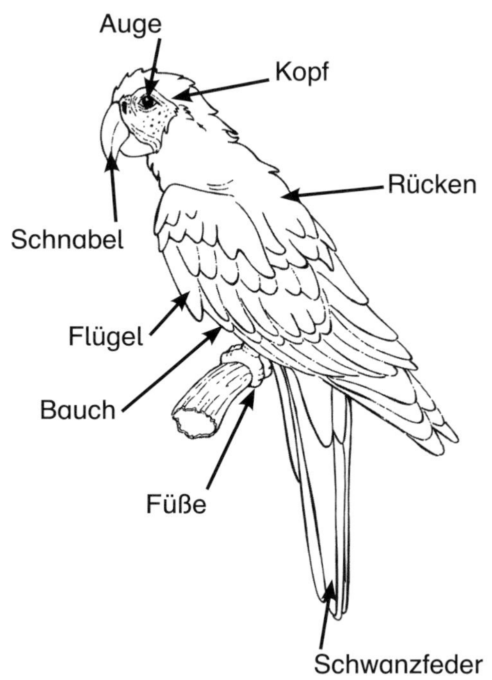

zu S. 24: „Die Sprache des Papageis“

G	9 R	4 U	P	P	8 E	
11 T	Ö	N	6 E			
L	3 A	U	T	8 E		
5 G	E	9 R	Ä	U	1 SCH	E
B	E	2 L	7 L	E	10 N	

Lösungssatz:
Papageien sind sehr **SCHLAU** und vergessen nie ein Geräusch, das sie **GELERNT** haben.

BVK LP124 • Silke Höffmann: Literaturprojekt zu „Papino und der Taschendieb“